AF562632

NOTICE BIOGRAPHIQUE

SUR JACQUES-NICOLAS

MOREAU DE CHAMPLIEUX,

ADMINISTRATEUR DES DOUANES,
OFFICIER DE L'ORDRE DE LA LÉGION D'HONNEUR ET DE L'ORDRE DE LÉOPOLD DE BELGIQUE, COMMANDEUR DE L'ORDRE D'ISABELLE LA CATHOLIQUE D'ESPAGNE,
ANCIEN ÉLÈVE DE L'ÉCOLE NORMALE ET AVOCAT;

PAR SON NEVEU

ÉD. DE LA BARRE DUPARCQ.

SAINT-CLOUD,
IMPRIMERIE DE BELIN-MANDAR.

Décembre 1851.

NOTICE BIOGRAPHIQUE

SUR JACQUES-NICOLAS

MOREAU DE CHAMPLIEUX.

Jacques-Nicolas Moreau de Champlieux naquit à Paris le 12 mai 1795. Sa famille est originaire de Compiègne et son nom rappelle cette localité de la forêt de Compiègne sur laquelle des fouilles récentes, riches en résultats archéologiques, ont attiré l'attention de l'Académie des inscriptions et belles-lettres. Fils de *Henri-Nicolas Moreau de Champlieux*, qui remplit au trésor royal les fonctions de sous-directeur, il était neveu par sa mère de M. *Tarbé* (*Louis Hardouin*), directeur des contributions, puis ministre des finances sous Louis XVI, de M. *Tarbé* (*Charles*), membre de l'Assemblée législative et du conseil des Cinq-Cents, et du chevalier *Tarbé de Vauxclairs*, inspecteur général des ponts et chaussées, pair de France, et conseiller d'Etat sous le règne de Louis-Philippe.

Il grandissait, et tout annonçait qu'il serait robuste lorsque, à l'âge de treize ans, une grave maladie inflammatoire vint porter de rudes atteintes à sa santé.

Une fois guéri, il reprit le cours de ses études dans l'institution *Parmentier* (fraction de l'ancienne *Sainte-Barbe*, aujourd'hui collége *Rollin*), et se distingua d'une manière brillante dans les luttes universitaires du lycée Napoléon et du concours général. En 1810, il se trouvait en troisième au lycée Napoléon avec *Casimir Delavigne*, et, malgré la présence de ce redoutable concurrent, eut des succès au grand concours comme au lycée. Il fit une brillante rhétorique et passa deux années dans cette classe importante. Comme nouveau il eut en 1812 au concours général le quatrième accessit de version latine et le premier accessit de version grecque; comme vétéran il remporta en 1813 au même concours le premier prix de vers latins, le premier prix de version latine et le premier accessit de version grecque. Sa composition de vers latins (voyez *Pièces justificatives*, n° 1) annonçait un talent poétique qui devait mûrir avec les années.

Remarqué par M. *de Fontanes*, grand-maître de l'Université et bon appréciateur du mérite, il se destina à l'enseignement et fut admis à l'école normale pour les lettres. Les événements de 1814 vinrent le jeter dans une autre carrière. Sous les auspices de l'un de ses oncles, M. *Tarbé des Sablons*, chef de division à l'administration des douanes, il entra le 1er août 1814 dans cette administration comme sous-lieutenant de la brigade de Muzillac (Morbihan), aux appointements de 700 francs. Certes, après des études brillantes, quand il était encore nourri des meilleurs auteurs grecs et latins, avec la tournure littéraire de son esprit, ses premiers pas dans la carrière durent souvent lui offrir plus d'un détail rebutant : mais une volonté ferme lui fit surmonter les inconvénients inhérents à sa position, et en s'adonnant avec cœur à ses fonctions, il finit par y prendre goût. Plus tard son intelligence, heureusement développée par l'instruction, devait venir en aide à son ardent amour du travail pour en faire un administrateur remarquable.

De la brigade de Muzillac, M. de Champlieux passa à celle de Rouen avec son grade. On le retrouve ensuite garde-magasin à Fécamp, cinquième commis de direction à Rouen, quatrième, puis troisième commis de direction à Charleville. Le 15 novembre 1816 il fut nommé deuxième commis de direction à Boulogne-sur-mer, poste dans lequel il resta pendant trois ans. Le directeur de Boulogne, M. *Gallien*, voyant son zèle et appréciant son aptitude, le prit en affection et l'initia aux plus saines traditions administratives : il lui fit souvent remplir les fonctions d'avocat de l'administration dans les affaires que la douane avait à soutenir devant les tribunaux, et lui fournit ainsi l'occasion de montrer qu'il y avait en lui l'étoffe d'un jurisconsulte et d'un orateur. Dès lors M. de Champlieux voua à M. Gallien une respectueuse amitié qui ne s'est jamais démentie, et à la mort de ce dernier il consacra à sa mémoire une notice sagement écrite, insérée dans l'*Annotateur* (journal de l'arrondissement de Boulogne-sur-mer) *du 30 juillet* 1846. Précédemment, toujours fidèle au culte du souvenir, il avait publié dans le *Moniteur universel* du 3 septembre 1844 un autre article nécrologique sur M. *Magnier de Maisonneuve*, son prédécesseur comme administrateur des douanes.

De Boulogne il passa à Thionville comme second commis de direction. Dans cette nouvelle résidence, la maturité précoce de son esprit, sa passion du travail, et ses intentions bienveillantes furent appréciés par le directeur et par ses employés. Ces derniers lui déléguèrent la présidence de la table commune où ils mangeaient tous, et en revanche le jeune président les réunit plusieurs fois par semaine chez lui pour leur faire un cours de logique à la portée de cet auditoire improvisé qui le goûta fort. Il aimait aussi à s'occuper de littérature ; le hasard voulut qu'il rencontra dans Thionville deux amis avec lesquels il put satisfaire ce goût intellectuel : l'un ancien élève de Sainte-Barbe, l'autre professeur de rhétorique : en compagnie du premier il lut le texte grec du manuel d'Epictète, en compagnie du second il parla éloquence et poésie.

Le 1er octobre 1820, M. de Champlieux fut appelé à Paris pour être employé en qualité de commis principal au service actif du bureau central, où il devint sous-chef le 1er janvier 1823 et chef de bureau le 1er octobre 1829. C'est pendant ces années qu'il se forma à l'école de M. *Hains*, premier inspecteur général divisionnaire, dont les décisions en matière de douanes font encore autorité.

Peu de temps après son retour à Paris, il tomba malade, et la fièvre inflammatoire qui le saisit prit un tel caractère d'intensité que les médecins le condamnèrent. Un vieil ami venait souvent le visiter pendant ses heures d'angoisse : cet ami avait un pupille de vingt ans également très-malade. « *Vous verrez*, disait-il dans l'amertume de ses craintes, *vous verrez que nous perdrons Champlieux qui m'est cher pour ses excellentes qualités et que mon vaurien de pupille s'en tirera.* » L'horoscope se trouva heureusement en défaut : les deux malades recouvrèrent la santé.

M. de Champlieux alla passer sa convalescence à Compiègne au sein de sa famille : grâce aux tendres soins de sa mère, il suivit exactement le régime sévère imposé par le médecin, et se guérit parfaitement. Pendant les loisirs de cette convalescence, il commença l'étude du droit, grâce à laquelle il se mit à même de rendre à l'administration des services spéciaux : il fut reçu avocat en 1824.

Son séjour dans la capitale lui permit de renouer avec ses anciens condisciples de Sainte-Barbe et de l'Ecole normale des relations qui furent toujours chères à son cœur.

En 1827, il épousa Mlle *Laure Marchant de Saint-Albin*, fille d'un ingénieur des ponts et chaussées. Cette union, qui présentait des conditions sérieuses de bonheur, venait d'être cimentée par la naissance d'un fils, quand la mort cruelle la rompit. Femme et enfant, M. de Champlieux perdit tout en 1830.

Son chagrin fut profond, et ses occupations seules purent faire trêve à sa douleur. Ces occupations se trouvaient alors très-nombreuses, et ce qui le prouve, c'est qu'on partagea par la suite en deux bureaux le bureau dont il était alors le seul chef.

Par sa position, par ses goûts, M. de Champlieux avait besoin d'une compagne. Il songea bientôt à se créer une nouvelle famille, une nouvelle existence ;

mais il ne voulait convoler en secondes noces qu'en choisissant dans une famille honorable une personne qui lui plût. Il trouva ces conditions réunies dans Mlle *Marie-Charlotte-Stéphanie Dissez*, qu'il épousa à Melun le 24 janvier 1832. Son beau-père, appartenant à une ancienne famille du Quercy, avait été chef de division au ministère des finances, et remplissait alors les fonctions de directeur des contributions directes. M. de Champlieux dut son bonheur à cette union que la présence de plusieurs enfants vint embellir : la naissance d'un fils qui reçut, comme son grand-père paternel, le prénom de Henri, naissance arrivée en 1838, combla son vœu le plus cher.

A la mort de son père (1834), M. de Champlieux reporta sur sa mère toute son affection et toute sa piété filiale. Cette bonne mère avait grand crédit sur lui, et chaque fois qu'il pouvait satisfaire l'un de ses désirs il était dans la joie.

Le 1er octobre 1838, il fut nommé directeur des douanes à Toulon; il remplit les fonctions de ce poste pendant treize mois, et, malgré la brièveté de ce temps, eut la douleur de perdre dans cette ville sa fille aînée, nommée *Marie*, enfant de sept ans, douée d'heureuses qualités et d'une intelligence précoce, qui occupait une grande place dans ses affections.

Le 1er novembre 1839, il fut rappelé à l'administration centrale comme sous-directeur, chef de la 3e sous-direction; il se retrouva ainsi à la tête du service actif dans lequel il avait longtemps travaillé. Il conserva cet emploi jusqu'à sa mort; en 1844, le titre d'administrateur fut substitué à celui de sous-directeur.

Le service de la 3e sous-direction (*service général*) a une importance réelle (1) ; entre autres attributions il comprend le personnel d'une armée de 25,000 douaniers, et se trouve chargé de faire rentrer dans les coffres de l'Etat 150 millions de droits de douanes et de navigation, ainsi que 25 millions de droits de consommation des sels. M. de Champlieux, embrassant ce vaste ensemble, sut en améliorer diverses parties ; c'est ainsi que, secondant les vues libérales de M. *Gréterin*, il se prêta à la simplification de plusieurs formalités devenues gênantes pour le commerce, surtout depuis l'établissement des chemins de fer.

Professant à un haut degré la religion du devoir, M. de Champlieux étudiait consciencieusement les questions qui se présentaient à lui, et dans l'adoption d'une solution se référait aux traditions administratives que rectifiaient plus d'une fois ses connaissances positives en droit et en économie politique. Son style administratif, nerveux et rapide, se distinguait par une remarquable lucidité ; il exposait une affaire suivant son développement logique, et voulait que ses collaborateurs fissent de même. Fidèle à sa maxime favorite : *Fortiter in re, suaviter in modo*, il proscrivait, dans la rédaction de ses décisions, toute expression blessante ou de nature à décourager : ce qui ne l'empêchait pas de faire entendre au besoin un langage ferme et sévère.

(1) Deux des collaborateurs de M. de Champlieux ont bien voulu nous communiquer divers renseignements sur sa carrière administrative avec une gracieuse obligeance dont nous nous plaisons à leur témoigner ici toute notre gratitude.

Naturellement timide et très-circonspect, il ne paraissait pas aux personnes qui le voyaient rarement aussi affable, aussi bienveillant qu'aux employés qui avaient souvent affaire à lui. Sa bienveillance n'avait rien de démonstratif, et se dissimulant son influence plutôt qu'il ne se l'exagérait, il resta toujours vis-à-vis de ses inférieurs très-sobre de promesses. Jamais on ne le vit faire l'homme important, et les observations rencontrèrent constamment chez lui une oreille attentive et complaisante. Sévère pour lui seul, il était indulgent pour les autres, et repoussait les mesures de rigueur à l'égard des fautes ordinaires; mais quand la probité se trouvait atteinte, il restait inflexible. Il aimait surtout à suivre dans la distribution des emplois les règles d'une justice éclairée et tenait compte à chacun, au moyen d'une mémoire heureuse, des services spéciaux qu'il avait rendus.

Sous la gestion de M. de Champlieux on a introduit un système nouveau pour subvenir aux frais de construction des casernes; dans les grands centres de population s'élèvent aujourd'hui de nombreux et imposants établissements de ce genre dans lesquels les préposés des douanes trouvent à peu de frais pour eux et leurs familles des logements sains et commodes.

C'est aussi de la division de M. de Champlieux que sont sortis les travaux qui ont amené les Assemblées législatives à voter successivement les crédits nécessaires pour améliorer, par une augmentation de traitement, la position des agents du service actif des douanes, restés jusque-là dans une condition d'infériorité relative très-regrettable. Cette mesure, essentiellement utile, n'était pas encore entièrement accomplie au moment des événements de février 1848. Ces événements menaçaient d'en ajourner l'exécution. Pour la compléter, il fallait autant d'habileté que d'efforts. S'associant à la pensée du chef de son administration, M. de Champlieux a suivi depuis lors, avec une remarquable sollicitude, tous les détails d'une organisation nouvelle qui en réalisant, sans affaiblir les moyens d'action et de surveillance, les économies commandées par les circonstances, a permis d'affecter une partie de ces économies à relever le traitement d'emplois de début insuffisamment rétribués. Ce n'est pas un de ses moindres titres à la reconnaissance de l'administration.

Quand la nouvelle de la mort subite et prématurée de M. de Champlieux se répandit dans les bureaux de l'administration centrale, où la veille encore il avait vaqué à ses occupations et siégé au conseil, les regrets furent profonds et universels. L'honorable directeur général de l'Administration des douanes a rendu d'une manière sentie l'expression de ces regrets dans une circulaire officielle (voyez *Pièces justificatives*, n° 2) dont le texte vivra longtemps dans la mémoire de la famille à laquelle nous appartenons.

« *M. de Champlieux*, y dit-il, *honorait l'Administration par ses services distingués; elle ne fera que s'acquitter envers lui en honorant et consacrant sa mémoire par de reconnaissants souvenirs.* »

En dehors des travaux nombreux que lui imposait sa position, M. de Champlieux faisait partie du *Comité consultatif d'hygiène publique* institué près du ministère du commerce. Nommé membre de ce comité à sa fondation, en août 1848, il suivit ses séances avec intérêt et coopéra à la solution de plusieurs questions importantes. Il faut surtout citer la part active qu'il prit à la réforme des quarantaines, ainsi qu'à la préparation du projet de loi relatif à l'assainissement des marais salants, projet qui sera prochainement soumis aux délibérations de l'Assemblée nationale. Le Comité d'hygiène a, par l'organe de son président, M. *Magendie*, exprimé à Mme de Champlieux toute la part qu'il prenait à sa douleur. La lettre de condoléance du Comité porte la date du 3 novembre 1851 ; on y lit ce passage : « *Le Comité perd un de ses membres les plus éclairés et dont le zèle était pour tous ses collègues un exemple et un modèle.* »

M. de Champlieux était aussi membre du conseil d'administration de la *Société d'assurances générales*, conseil dans lequel on prisait beaucoup ses avis, surtout quand il s'agissait de résoudre des questions ayant trait à des affaires contentieuses ou roulant sur quelque sujet financier épineux.

Malgré tant de travaux divers, M. de Champlieux n'oubliait pas les lettres, auxquelles il avait dû ses premiers et ses plus doux succès ; il y revenait avec plaisir chaque fois que ses rares loisirs le lui permettaient. Il relisait alors ses chers classiques, Horace, Virgile, Tacite, Boileau, Racine, Bossuet et tant d'autres dont le nom ne vient pas sous ma plume : ou bien il composait une pièce de vers en latin ou en français. Il possédait, sous ce rapport, un goût pur et une grande facilité ; chez lui, la forme comme l'expression coulait de source. Même dans les compositions légères il savait formuler nettement sa pensée, malgré l'étau du rhythme. Sans avoir l'oreille musicale, il possédait le sentiment de la cadence poétique, et composait, en fredonnant, ses chansons qui sont, en général, d'une bonne facture et faciles à chanter. Il aimait à porter son tribut poétique dans chaque réunion de parents et d'amis, et c'est pour célébrer des fêtes ou des mariages que ses vers les plus gracieux ont été écrits : le recueil de ces vers serait le tableau le plus vrai de son âme aimante.

Quelquefois aussi il prenait pour sujet de ses essais poétiques un événement contemporain. C'est dans les pièces de ce dernier genre que nous avons fait un choix pour offrir au lecteur un spécimen de ses talents littéraires. Nous reproduisons d'abord son *Ode-chanson sur l'inauguration de la statue de Louis XIV*, en 1822, sur la place des Victoires, à Paris : elle montrera comment il composait en vers français (voyez *Pièces justificatives*, n° 3). Nous donnons ensuite son *Ode latine sur la suppression de l'Ecole normale*, en 1822 : cette ode, lue dans un banquet de Barbistes, peint en beaux vers le réveil de la Grèce; elle rappelle, par sa facture, les meilleures poésies des anciens maîtres de la vieille Université (voyez *Pièces justificatives*, n° 4).

Tant de travaux usèrent à la longue une constitution délicate et impressionnable, déjà minée par deux fortes maladies : dans les dernières années il eut plusieurs rechutes dont une très-grave, en 1849, pendant que le choléra sévissait à Paris. Les soins d'une épouse chérie le tirèrent encore une fois de ce danger, et tout faisait espérer qu'il pourrait prolonger sa carrière, quand des syncopes, amenées par une grande faiblesse et se reproduisant à certains intervalles, vinrent alarmer sa famille et ses amis. C'est dans l'une de ces syncopes, arrivée subitement, qu'il a rendu son âme à Dieu, le 29 octobre 1851, à huit heures du matin. Mort en quelques minutes et sans souffrir, il a trépassé comme le juste dont le cœur calme et la conscience en règle ne craignent point d'avoir à subir un jugement avant d'entrer dans le séjour des élus.

Sa perte fut un coup de foudre qui frappa de stupeur ses parents, ses amis, ses connaissances. Les regrets furent unanimes, et le nombreux cortége qui accompagna sa dépouille mortelle à sa dernière demeure montra dans tout son jour l'estime générale que lui avait conciliée son caractère. Deux voix amies, celle de M. *Cotelle*, professeur de droit administratif à l'Ecole des ponts et chaussées, et celle de l'auteur de cette Notice, prononcèrent sur sa tombe de touchantes paroles d'adieu.

Sous des dehors froids il cachait un cœur excellent, et rendre service était sa plus douce jouissance. Il faisait, pour obliger ceux qu'il affectionnait, des démarches nombreuses dont, par un rare esprit d'abnégation, il gardait pour lui les désagréments, ne disant aux personnes intéressées que les résultats. Sans s'attendre, en agissant ainsi, à une reconnaissance souvent mensongère, il se montrait cependant heureux quand on pensait à le remercier de la peine qu'il s'était donnée.

Dans les diverses circonstances de la vie publique et

privée, il excellait à saisir l'occasion, et nul ne comprit mieux que lui l'allégorie qui représente cette divinité mythologique sous les traits d'une femme chauve par derrière.

Il remplissait ses devoirs de société avec la plus scrupuleuse ponctualité; en vertu du grand nombre de ses relations, il lui fallait consacrer à l'accomplissement de ces devoirs un temps qui eût été précieux pour son repos. Mais, pour lui, manquer à cet égard à ce qu'il regardait comme une obligation, c'eût été se rendre fautif envers la société; or, comme citoyen et comme chrétien, il tenait à ne pas négliger un seul de ses devoirs sociaux.

Il aimait la causerie fine et intelligente. A son entrée dans un salon, il commençait par aller saluer toutes les personnes qu'il connaissait; il s'approchait ensuite d'un groupe de causeurs et écoutait la conversation. Son esprit observateur, sa compréhension prompte l'avaient bientôt mis au courant du sujet et du caractère des interlocuteurs. Alors il venait, en connaissance de cause, glisser un ou deux mots; il hasardait ensuite une phrase, donnait un peu plus tard un plus grand développement à l'expression de sa pensée, et finissait, sans s'en apercevoir, par former le centre d'un cercle qui n'écoutait plus que lui.

Il prenait quelquefois plaisir à faire causer les gens et, à l'occasion, liait conversation avec un paysan ou un ouvrier, écoutant ses réponses avec intérêt. Dans ces réponses, c'était l'homme qu'il étudiait, comparant ce que l'intelligence de cet homme devait à la nature et à l'instruction. Souvent aussi il s'informait auprès d'artisans de mille petits détails qui se classaient méthodiquement dans sa mémoire. Il disait à cet égard : « *Je n'ai jamais rencontré d'ignorant qui ne m'ait appris quelque chose.* »

Aimant les liens de famille, il admettait volontiers à son foyer ses parents, même les plus éloignés. Il connaissait exactement les tenants et les aboutissants de chaque branche, n'oubliait personne et ne voulait pas qu'un cousin devînt pour lui un étranger. On peut le dire, dans une famille nombreuse il était presque le seul de ses contemporains qui eût conservé ces saines traditions.

Esprit sérieux et calme, profond et réservé, il avait cependant de l'enjouement et recourait souvent à la plaisanterie : mais il agissait ainsi moins pour se distraire de travaux arides que pour contribuer à l'amusement des autres, car nul ne fut moins personnel que lui.

Il faut ranger la modestie au nombre des traits principaux de son caractère ; il parlait fort peu de ce qu'il faisait, craignant sans doute d'avoir l'air de vouloir se vanter. Aussi l'un de ses amis, éprouvé par une liaison affectueuse de plus de quarante ans, M. *Alexandre*, inspecteur général de l'instruction publique, a pu écrire quelques jours après sa mort : « *Son esprit doux et fin n'était que l'enveloppe transparente des vertus que sa modestie voulait cacher.* »

Il a toujours su faire sur son revenu la part du pauvre, et lorsque des événements récents ont resserré sa bourse comme celle de tout le monde, cette part du pauvre n'a pas été amoindrie. Dans ces actes de bienfaisance il était secondé par la main charitable et dévouée de madame de Champlieux, la digne compagne de sa vie.

Ses anciens maîtres, ses anciens condisciples conservaient place dans son souvenir : leurs noms aimés revenaient avec plaisir sur ses lèvres, et l'on a vu, par sa coopération vivifiante à l'établissement et à la mise en œuvre des caisses de secours, soit pour les anciens Barbistes, soit pour les anciens élèves de l'Ecole normale, combien il leur était attaché.

A la raison consommée qui dirigeait ses actions il joignait une religion éclairée et les pratiques d'une piété sincère, sans que jamais l'observation de ses devoirs religieux fût une gêne ou eût l'apparence d'un reproche pour les autres. Il vécut toujours en bon chrétien, et quand la mort est venue le prendre elle ne l'a point surpris : il était prêt à rendre compte de cette belle vie qu'il laisse en exemple à son fils. *Monseigneur l'Evêque d'Evreux,* qui lui portait de l'affection, écrivait à madame de Champlieux en apprenant son veuvage : « *Ce n'est pas sur lui que je pleure, il est au ciel et il veillera sur vous : je pleure sa perte pour l'exemple des hommes de son rang, pour l'honneur de la religion qui perd l'un de ses enfants les plus dignes et les plus distingués.* »

Terminons en disant que *Jacques-Nicolas Moreau de Champlieux* fut un homme de talent et un homme de bien ; ces deux épithètes résument sa biographie et suffisent à son éloge.

FIN DE LA NOTICE.

PIÈCES JUSTIFICATIVES.

N° 1.

Concours général de 1813.

PREMIER PRIX DES VÉTÉRANS EN RHÉTORIQUE.

MOREAU DE CHAMPLIEUX,

ÉLÈVE DU LYCÉE IMPÉRIAL (AUJOURD'HUI LYCÉE LOUIS LE GRAND).

SUJET. Uranie présage à Christophe Colomb la découverte du Nouveau Monde.

Est novus Oceano late circumfluus orbis,
O nate! hunc nunquam, primævi ab origine mundi,
Cognovit mortale genus : sic fata vetabant.
Hac tu pande viam populis : jacet abditus ultra
Longinquos pelagi tractus ingentis, in orbes
Divisus geminos, quorum alter torridus Austrum
Spectat ; in Arctoas alter se porrigit oras.
Non plures gemmas habet altera, non fluit auro
Terra magis, pinguis non lætior ubere glebæ est.
Campos flava Ceres, densis gravis uva racemis
Pampineos vestit colles ; juga celsa coronant
Undantes vento sylvæ, vallesque per imas
Irrigui ludunt sinuosis flexibus amnes.

Hic tecum indigenas sociabis fœdere gentes;
Hic populis sine more vagis, cultuque ferino,
Advectus patrias leges dabis : aspera corda
Relligione tuâ flectes : hic te manet ingens
Gloria, quam nullo poterit delere vetustas
Tempore, quod primus peregrinum inviseris orbem.
Respice ad hæc : sed enim series te longa laborum,
Dura fatigabunt discrimina, nate, priusquam
Littora felici tangas optata carinâ.
Scilicet heu ! semper magnarum exordia rerum
Mille pericla premunt, obstacula mille retardant.
Prælia ventorum, nigrâ formidine nimbi
Cœlum involventes, fulmen, commota procellis
Marmoris ipsa quies, et tædia longa viarum.
Te quondam in medio cruciabit perfida ponto
Deficiente fames victu, multisque diebus
Horrebis mortis faciem jamjamque propinquæ.
Jejunos morbi invadent contagia nautas;
Nec satis est : malesuada tuas discordia puppes
Conscendet, cæcis erumpens faucibus Orci;
Collectam exacuet rabiem, sociosque rebelles
Urgebit miseris in mutua funera telis.
Tu fortis mala tanta feras : tibi mascula virtus
Casibus ex ipsis, fidensque audacia crescat.
Incepto pudeat proram deflectere cursu,
Infamique fugâ patrios remeare penates.
Perge modo, et rebus serva te, nate, secundis :
En erit illa dies, divam ne sperne monentem,
Quum tu jam poteris fugientes prendere portus,
Atque exspectatæ tandem oscula figere terræ.
Hic adero, viresque tibi, turbæque tuorum
Sufficiam; præstabo aditus tibi prævia molles,
Cumque novis populis firmo te fœdere jungam,
Ut gemini faciant commercia mutua mundi.

N° 2.

Administration des Douanes.

Circulaire du 12 *novembre* 1851, *n°* 2468.

La mort de M. de Champlieux laisse un grand vide dans les rangs de l'administration, et particulièrement au sein du Conseil, dont il était un des membres le plus éclairé et le plus dévoué. Les qualités solides de son esprit, l'étendue de ses connaissances, la sûreté et la fermeté de son jugement lui avaient acquis au dedans et au dehors de l'administration une haute et légitime considération, comme la droiture et la bienveillance de son caractère lui avaient concilié l'estime et les sympathies de tous ses collaborateurs. Aussi les regrets qu'excite parmi nous sa fin si subite, si prématurée, sont-ils profonds et universels.

M. de Champlieux honorait l'administration par ses services distingués : elle ne fera que s'acquitter envers lui, en honorant et consacrant sa mémoire par de reconnaissants souvenirs.

Le directeur de l'administration des douanes.

Signé : TH. GRÉTERIN.

N° 3.

Sur l'inauguration de la statue de Louis XIV.

Air : *Je vais combattre, Agnès l'ordonne.*

Dans un lieu cher à la victoire
Quel est, sur un fougueux coursier,
Ce héros qui vole à la gloire,
Le front ceint d'un noble laurier?
Dans ses traits se peint la puissance;
Louis quatorze, ah! c'est bien toi;
Grands hommes, honneur de la France, } *bis*.
Venez saluer votre Roi.

A la foule qui l'environne,
Louis imprime sa grandeur;
De ses sujets sur sa couronne
Bientôt rejaillit la splendeur.
Dans ses conseils la vertu brille,
Et près du mérite s'asseoit;
Colbert, et Louvois, et Bâville, } *bis*.
Venez saluer votre Roi.

Louis frappe du pied la terre,
Il sort un essaim de héros;
Et du royaume la frontière
Recule en suivant leurs drapeaux.
A son char Bellone s'enchaîne,
L'Europe admire avec effroi :
Condé, Luxembourg et Turenne, } *bis*.
Venez saluer votre Roi.

Sous son règne notre puissance
Se fit connaître à l'univers,
Et le pavillon de la France
Flotta fièrement sur les mers.
Dans les deux Indes plus d'une île
De la Seine reçut la loi;
Duquesne, Jean Bart et Tourville, } *bis.*
Venez saluer votre Roi. }

Bossuet tonne dans la chaire
Où brille l'élégant Fléchier;
Du génie et de la grammaire
L'Académie est le foyer.
La France épure son langage
Et se fait une langue à soi :
Pascal, Fénelon et Lesage, } *bis.*
Venez saluer votre Roi. }

De Thalie et de Melpomène
Louis anime les travaux;
Aux auteurs de Rome et d'Athène
Paris oppose des rivaux.
Est-ce Euripide, Horace, Homère?
Est-ce Ménandre que je voi?
Racine, Despréaux, Molière, } *bis.*
Venez saluer votre Roi. }

Ses faveurs cherchent le génie,
Et l'éveillent de toutes parts :
Que de grandeur, que d'harmonie
Dans les merveilles des beaux-arts!
L'un prête son secours à l'autre,
Et chacun trouve son emploi;
Perrault, Mignard, Goujon, Lenôtre, } *bis.*
Venez saluer votre Roi. }

Je laisse la sévère histoire
Parler des fautes de Louis;
Mes yeux de l'éclat de sa gloire,
Pour les voir, sont trop éblouis.

Ah! sur elles qu'un voile tombe;
Siècle de Louis, lève-toi;
Morts immortels, quittez la tombe, } *bis.*
Venez saluer votre Roi.

NOTA. — Cette pièce de vers a été insérée comme *chanson* dans le petit volume intitulé : *Chansons par trois royalistes non fanatiques* (Paris, chez *Sétier*, 1823, in-18 de 144 pages) auquel M. de Champlieux a pris une grande part, car le dialogue d'introduction et quatorze chansons sortent de sa plume. Ses deux collaborateurs sont MM. *Delcasso*, doyen de la faculté des lettres de Strasbourg, qui professait en 1820 la rhétorique à Thionville, et *de Lacombe*, membre de l'Université. Cette même pièce de vers a été aussi publiée sans indication d'air, c'est-à-dire comme *ode*, dans l'*Almanach des Dames*.

N° 4.

In recentem

SCHOLÆ NORMALIS OCCASUM.

ODE.

ERRANT ubi umbræ magnanimûm virûm,
Lætis in arvis Elysii, patent
  Hinc indè diversi recessus,
    Atque manet sua quemque sedes.
Hic tecta surgunt regibus aurea et
Regum ministris, queis benè contigit
  Tractare res magnas, suîque
    Qui memorem patriam merendo
Fecêre : vates non procul hinc pios
Ruris beati deliciæ tenent,
  Dignosque Phœbo, et qui repertis
    Artibus excoluère vitam.
Partes in ambas est ubi se via
Bifurca findit : quo simul attigit
  Fontanus, heu! quem Mors amanti
    Invida præripuit juventæ,
Incertus hæret : parva mora est : amat
Intrare dulces Pieridum domos,
  Juxtàque Popam Lilliumque
    Gramineo sedet in vireto.
Quæ cura vivo, nunc quoque conditum
Terrâ secuta est : nam juvat aureo
  Cantare plectro, dona quæ sint
    Ingenii Sophiæque, qualis
Natura rerum, qualis homo : juvat,
Nunc pace ditem, tollere Galliam,

Olim triumphis, aut avitas
Borbonidûm celebrare laudes.
Nuper canebat regius ut puer
Natale lumen viderit, et lyra
Gaudebat ultrò, cùm repentè
Nuntius attonitas acerbus
Percussit aures : è manibus fides
Fluxêre... « Credam ne? Ergò cadit schola
» Normalis, inquit, quam paternis
» Respicere hinc oculis amabam !
» Hâc gloriari fas mihi conditâ.
» Quando è tumultu Gallia civico
» Ipsisque paulatim ex ruinis
» Barbariæ caput efferebat ;
» Hâc cautus ignem constitui sacrum ;
» Hâc æde, nostris auspiciis, suum
» Graiæ, Latinæ Gallicæque
» Palladium posuêre Musæ.
» Utque una cunctis Christicolis fides,
» Lex una Gallis, unus erat quoque
» Fons, undè doctrinæ in remota
» Imperii loca diffluebant.
» Nullo incitata est tempore præmiis
» Doctrina tantis : in solio sedet
» Rex ille, præclarè exulantem
» Quem comites aluêre Musæ :
» Præest juventæ nunc studiis pius
» Orator, olim qui lateri meo
» Adstabat, hæredemque Famâ
» Quem mihi Rex dedit eligente :
» Qui me magistrum consiliis suis
» Juvêre, doctâ nunc quoque curiâ
» Cerno sedentes, funditùsque
» Disperiêre mei labores,
» Vix me sepulto ! » Desierat loqui
Fontanus ; omni tempore sed queri

Assueta fatales ruinas,
Nescio quid lyra murmurabat :
Qualem audiistis, sacrilegum nefas
Cùm fleret, ædes heu ! Dionysii
Contaminatas ac sepulcra
Nobilium violata Regum.
Ut sensit, almam Virgilius manum
Tendens amico : « Parce queri : vide
» Mutentur ut mortalia ; olim
» Troja manu fabricata Divûm,
» Traxit ruinam : sed pius extulit
» Heros penates : Troja renascitur :
» Mox æquat orbi gens togata
» Imperium, atque animos Olympo. »
Ipse et gementi Mæonides pater :
» Fontane, dixit, respice Græciam;
» Hæc illa mortales magistra
» Edocuit genus omne laudis.
» Dejecta tanto culmine gloriæ
» Ex quo subivit barbaricum jugum
» Viditque Alexandria libros
» In tenuem volitare fumum,
» Mutæ ruinas respice Porticûs,
» Mutum Lycæum, mutam Academiam !
» Heu ! mille dormivit per annos
» Græcia ! crediderant sepultam :
» At umbra, magni conscia nominis,
» Stabat superstes : dùm loquor, en sacer
» Exarsit ignis, quem dolosi
» Suppositum cineres tegebant.
» Fortuna jamjam nostra iterabitur ;
» Testor nepotum fortia facta, nec
» Desueta avitis jam triumphis
» Agmina. Fata, precor, juvate
» Antiqui Homeri progeniem novam.
» Laurus, triumphos nobilium ducum

» Quæ gaudet insignire, doctas
» Ipsa et amat redimire frontes.
» Jam templa Musis templaque Palladi
» Passim resurgent Hellade liberâ,
» Vocemque divini Platonis
» Densum avidâ bibet aure vulgus. »

Paris, décembre 1822.

FIN DES PIÈCES JUSTIFICATIVES.

www.ingramcontent.com/pod-product-compliance
Lightning Source LLC
LaVergne TN
LVHW010251230826
846091LV00007B/2913

* 9 7 8 2 0 1 1 7 8 5 9 6 1 *